© JJ. Anhalzer 2007
Texto y fotos: Jorge Juan Anhalzer
Traducción al Inglés: Emily Walmsley
Mapa: José Miguel Ayala
Imprenta Mariscal
Segunda impresión, junio 2008
ISBN: 978-9942-01-273-9
Quito, Ecuador

© JJ. Anhalzer 2007
Texto & photographs: Jorge Juan Anhalzer
Translation into English: Emily Walmsley
Map: José Miguel Ayala
Imprenta Mariscal
Second printig, june 2008
ISBN: 978-9942-01-273-9
Quito, Ecuador

Tan variado paisaje, en tan pequeño país
Ecuador

Jorge J. Anhalzer

La comarca al sur del Cotopaxi *The moorlands south of Cotopaxi*

La erosionada caldera del Altar *The eroded cauldrum of Altar*

Los páramos de Abraspungo en el Chimborazo *The highlands of Abraspungo at the foot of Chimborazo*

La caldera del Reventador   *Reventador's smoking cauldrum*

15

La Mama Tungurahua, junto al Altar, Sangay y Chimborazo *Mama Tungurahua with Altar, Sangay and Chimborazo*

La cuenca del Oyacachi   *The basin of Oyacachi river*

360° de paisaje andino con el Antizana en primera fila   380° of the andean landscape with Antizana

Los páramos de Puyurima 'donde las nubes hablan' *The highlands of Puyurina 'where the clouds talk'*

Los declives orientales del Sangay   *The Eastern depressions of Sangay*

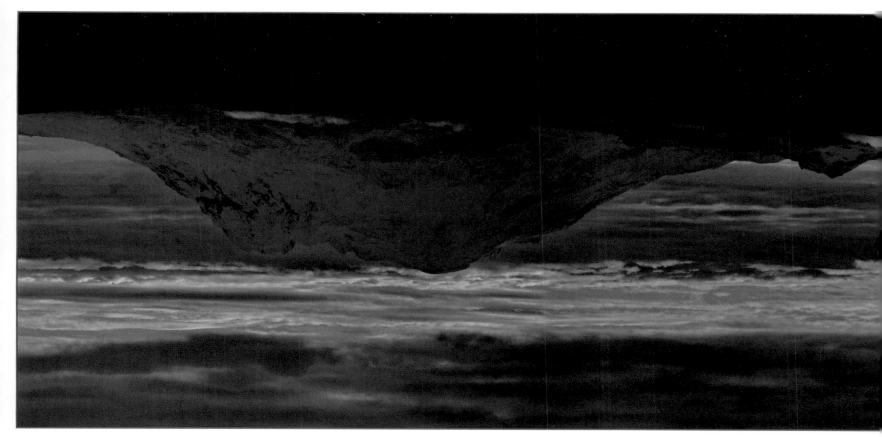

El picacho del Antizanilla y el Antizana   The small peak of Antizanilla left of Antizana

El activo Sangay y el derruido Altar   *The active Sangay and the collapsed Altar*

La caldera del Guagua Pichincha   *The cauldron of Guagua Pichincha*

Amanecer en la cumbre del Cotopaxi   *Dawn on the summit of Cotopaxi*

Vericuetos en el glaciar del Cayambe   *Icefall in Cayambe's glacier*

Tormenta vespertina en el Pasochoa　*Afternoon storm above Pasochoa*

La comarca alrededor del Taita Imbabura   Taita Imbabura surroundings

La Panamericana al norte de Guamote   The Panamerican Highway north of Guamote

El Zumaco visto desde el antiguo cráter de Guagua Zumaco   *Zumaco as seen from its ancient crater*

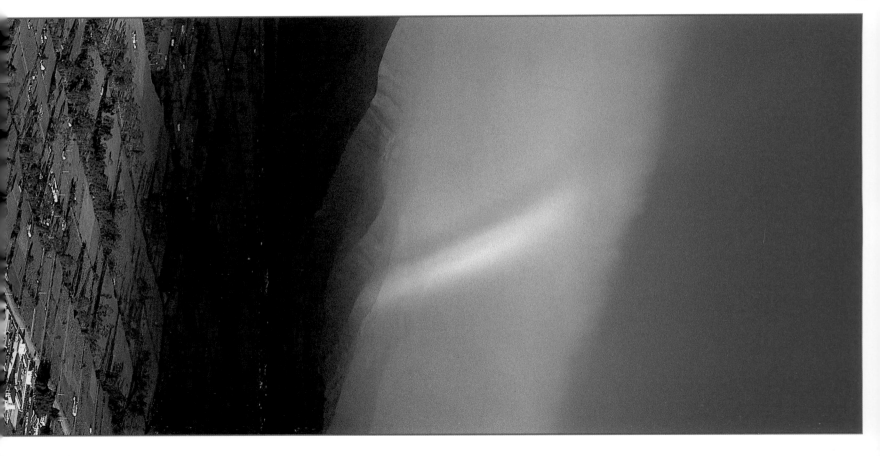

La población de Caranqui sobre Ibarra   *The town of Caranqui south of Ibarra*

El río Pita antes de su nacimiento, Cotopaxi   *The Pita River before its birth, Cotopaxi*

El bosque nublado a 2500m. en el Zumaco   *The cloud forest at 8000 ft in Zumaco*

Caleta Tagus en la isla Isabela, Galápagos   *Tagus Cove in Isabela Island, Galápagos*

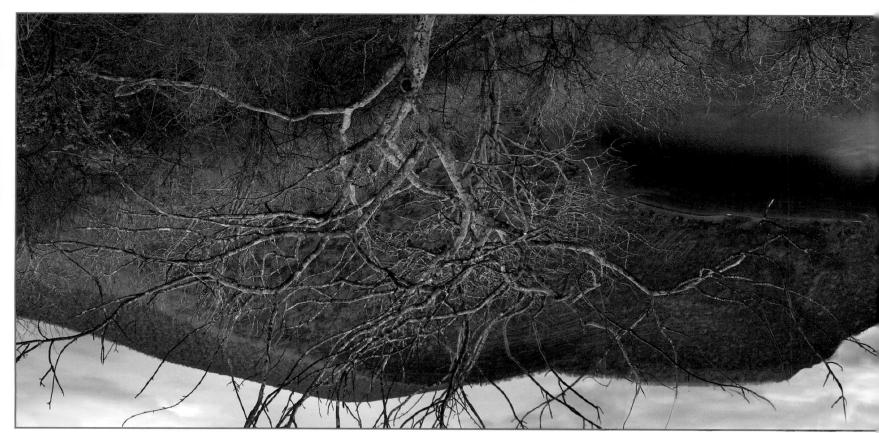

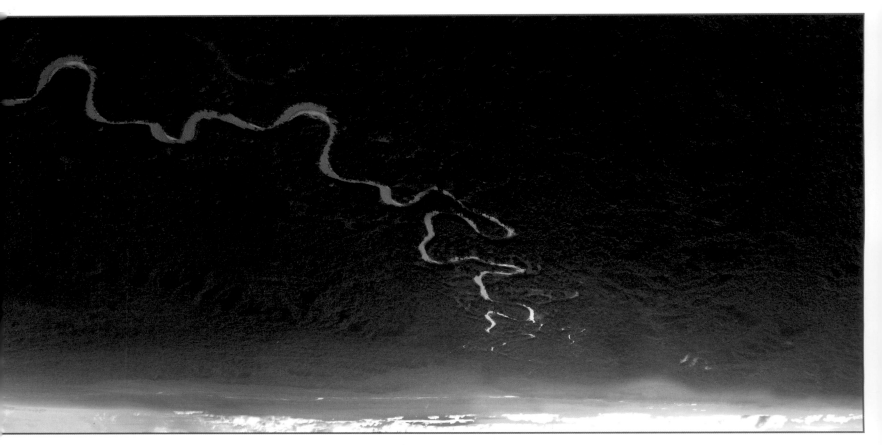

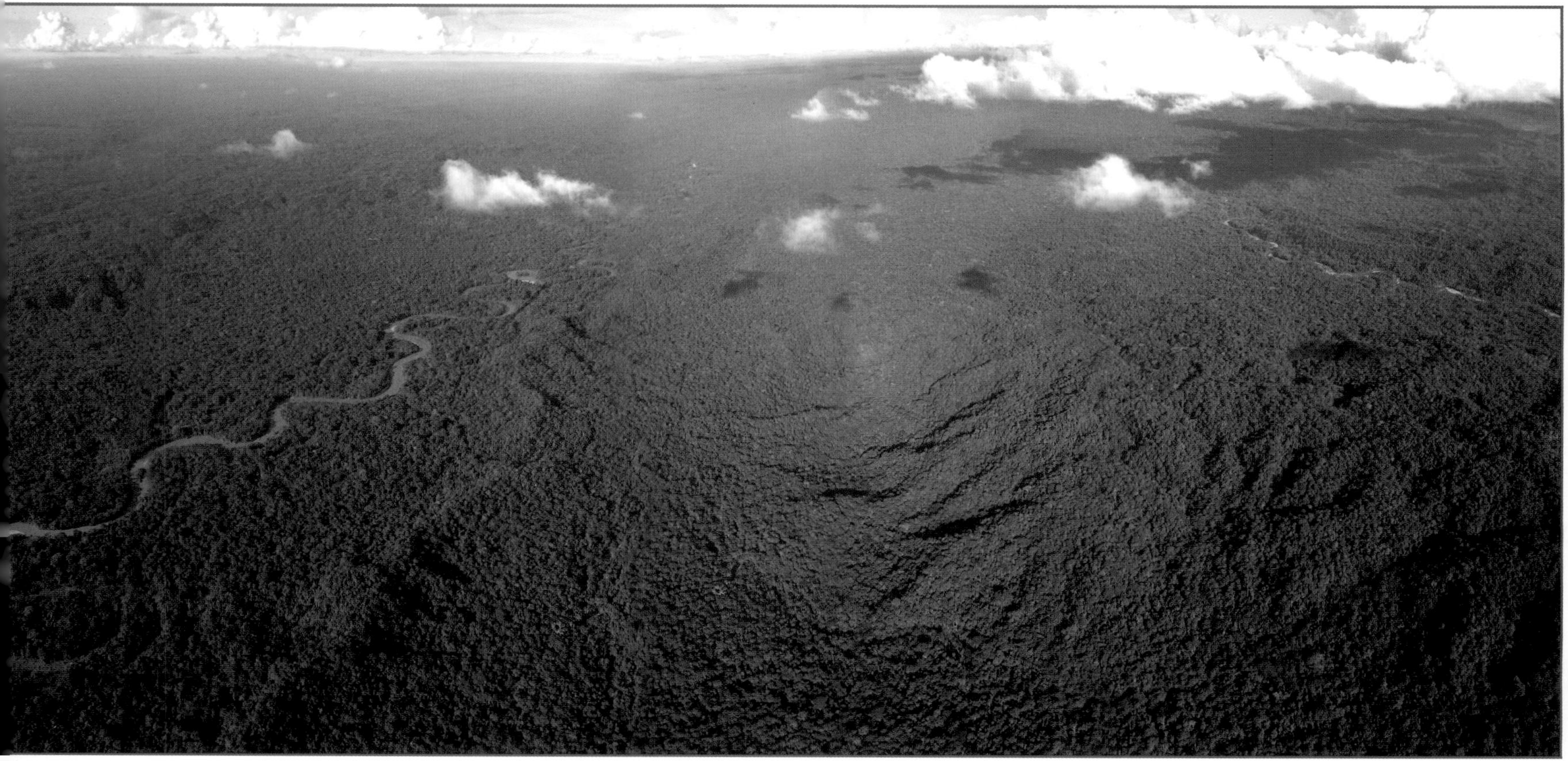

Los meandros del Nushiño *The meanders of the Nushiño River*

Punta Bálsamo en el Parque Nacional Machalilla   Balsamo Cape in Machalilla National Park

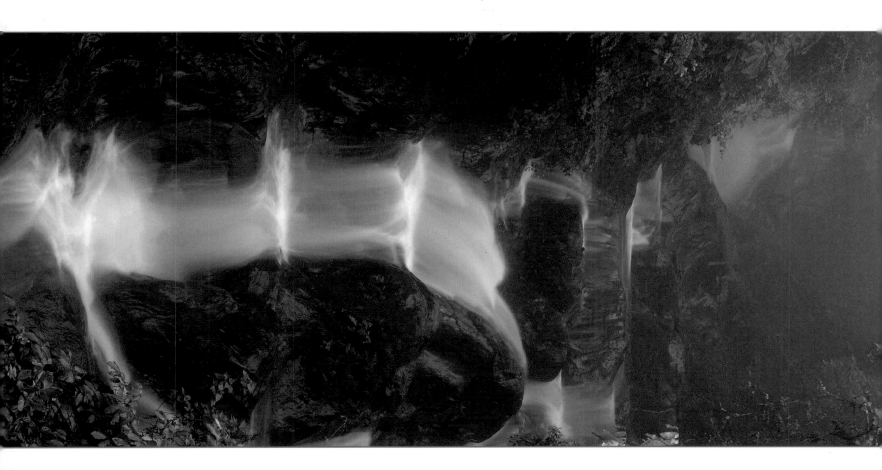

El Río Reventador que baja del volcán homónimo   *The Reventador River flowing down from Reventador volcano*

Tras la tormenta, amanecen los páramos de Valle Vicioso y Chalupas   *Dawn in the higlands after a storm*

Caída sin nombre hacia el Quijos   *A nameless waterfall drops toward the Quijos River*

La caída de San Rafael en el Coca   *San Rafael waterfall in Coca*

El río Pita a los 3.300 metros de altitud *The Pita River at 11,000ft*

Cementerio de Estero del Plátano *Cementery of 'Estero del Platano'*

La aguas del Hoja Blanca en el Chocó ecuatoriano   *The 'Hoja Blanca' River in the Ecuadorian Choco*

Las ruinas incas de Ingapirca   *The Incan ruins of Ingapirca*

El centro de Quito   *Colonial Quito*

Los toros populares en Sangolquí   *Bullfighting with a taste of local flavor, Sangolqui*

El parque de Sangolquí   *The park in Sangolqui*

Zayapa en los manglares de San Cristóbal, Galápagos   *A sally light crab lives in the mangroves of Galapagos*

El León Dormido, Galápagos *Kicker Rock, Galapagos*

Páramos cubiertos de frailejones   *Highlands covered in "frailejones"*

111

Los pliegues de la cordillera en Llanganati　*The folds of the Llanganati range*

Bosque de pantzas (*Polylepis incana*) 3.600 m. Antizana   *An andean forest at 12.0000 ft. Antizana*

El corazón de los Llanganati *The heart of the Llanganati*

Guía fotográfica y geográfica   *Photographic and geographical guide*

El paisaje en los Andes ecuatorianos es amplísimo y muy variado, a diferencia de otras cordilleras, donde las cumbres nevadas se suceden ininterrumpidamente una tras otra, aquí en nuestra tierra los volcanes sobresalen aislados, grandes extensiones de páramo se extienden entre ellos. Esta situación particular imponía un limitante en el campo fotográfico a quien escribe, pues en tan vasto paisaje resultaba difícil retratar las montañas en su contexto, las imágenes logradas solían ser solamente retratos aislados de los volcanes, donde apenas se percibía la naturaleza circundante.

La nueva tecnología digital en fotografía, a la que entré a regañadientes, facilitó la posibilidad de explo-

The Andean landscape of Ecuador is vast and varied. Unlike other mountain ranges, where snowcapped peaks rise up alongside each other, the volcanoes here stand alone, separated by vast stretches of grassy uplands. This unusual geography imposes limits on landscape photography, as it is difficult to portray the mountains together within their wider context. Pictures of Ecuadorian volcanoes usually show them on their own with little of the countryside around.

New digital technologies in photography – which I came round to rather reluctantly – have made it possible to explore new formats. No longer restricted to a single small frame, the camera can now join together the

rar otros formatos. La cámara dejó de tener un marco tan mezquino. Unir paisajes tan diversos pero comunes en nuestros Andes, se hizo finalmente posible. Las selvas se enredaron finalmente con los páramos. Los volcanes humeantes se acercaron a sus vecinos hace tiempo extintos y cubiertos de glaciares. Aparecieron por fin en las mismas imágenes los cerros menores, los valles salpicados de pueblos y ciudades, las quebradas profundas y los riscos altos, el cielo diáfano de las alturas y la bruma vaporosa que cubre los trópicos cálidos.

No es que no se pueda hacer tal trabajo con una cámara normal, pero la tecnología digital facilitó la concepción de la idea. Permitió también experimentar sin caer en un presupuesto alto. Las cámaras panorámicas, que las hay, no son adecuadas para este trabajo, pues captarían un paisaje interrumpido por las alas y cabina del pequeño avioncito desde donde son tomadas la mayoría de estas imágenes. La máquina usada en las imágenes expuestas en este trabajo, es una común y corriente, empleada más

diverse patterns of our Andean scenery. Low lying forests can finally be seen merging with the high-altitude plains. Smoking volcanoes can appear alongside their long-extinct, glacier-covered neighbours. In a single picture the highest mountains can be seen alongside the smaller peaks, the valleys dotted with towns and villages, deep gorges and craggy cliffs, the crystal clear sky of the highlands and the swirling mist of the hot, tropical lowlands.

This kind of photography can also be done with a normal camera, but with digital technology it is easier to produce such an image at high quality. Digital techniques also let you experiment at length without needing a huge budget. Panoramic cameras might seem a more obvious choice for this work but in fact they are not so suitable: in capturing a wide landscape they would frame it with the wings and cockpit of the small microlight from which the shots are taken. The camera used for the images shown here is a standard digital model that can work rather like a machine gun, shooting a series of images very fast as

o menos como una metralleta, disparando una serie de tomas mientras el fotógrafo gira con todo y aeroplano, lo más próximo y rígido en su eje.

Las 'panorámicas' ajenas que sirvieron de inspiración fueron tomadas en tierra, con trípode y nivel para poder mantener el horizonte. Hubo que darle cierta práctica mezclada con algo de ingenio para llevar eventualmente la idea al aire. Desde arriba, peor todavía, a bordo de un ultraligero harto inestable no es posible el uso de la estabilidad que provee el trípode, ni la continuidad que otorga un nivel, situación que complica un poco la tarea. No queda más plano que el horizonte y más estabilizador que el no siempre fiable pulso del fotógrafo. Ayuda en algo lo temprano y alto de las tomas, situación donde el frío es intenso, congela y entonces vuelve rígida la mano que soporta la cámara.

Cada serie de fotos, para que luego puedan armarse en un paisaje congruente y real, tiene que ser

the photographer turns, with the aeroplane, as close to the same axis as possible.

*Panoramic images that have inspired these ones were taken on the ground using a tripod and level to maintain an even horizon. Transferring this same concept to the air has required a **great deal of pra**ctice and more than a little ingenuity. Up in the air the job is made more complicated – especially in a wobbly ultralight – as there is none of the stability of a tripod nor the continuity provided by a level. The horizon is the hopefully one constant factor and the only stability comes from the unsteady hand of the photographer. It helps somewhat that the shots are taken early in the morning at high altitude where the intense cold freezes the fingers holding the camera, rendering them rigid.*

Each shot in a series of photographs has to be taken one after another, at the same moment, with the same exposure and in the same turn made by the plane so

tomadas una tras otra, en el mismo momento, en el mismo giro, con la misma exposición. Todo para evitar variaciones en los tonos, la luz, las sombras y la perspectiva.

La cantidad de fotografías que componen una panorámica varía de acuerdo al campo que éstas cubran, siendo las que más tienen alrededor de 25 tomas. Son tantas sobretodo porque la cámara va vertical y no horizontalmente que es lo usual, esto para lograr una mayor definición que eventualmente permita una ampliación más grande. Las tomas están unidas en un computador y pese a cierta suspicacia de parte del público, van con un mínimo de manipulación, pues al ser tomadas correctamente y en serie, se unen sin problema. Observadores incrédulos creen que en ciertas tomas hay montajes, sin embargo no es así, siempre es más fácil, satisfactorio y natural esperar la buena luz, la tormenta, el arco iris, las sombras y los colores, que crearlos en la computadora.

Habrá quien se de cuenta de que hay imágenes

that when they are later joined together the landscape looks consistent and real. It is critical to avoid variations in colour tone, light, shadows and perspective.

The number of shots that make up a single panoramic image depends on the landscape, but the most ever used has been twenty-five. The number is so high because the camera is held vertically rather than horizontally, as is usually the case, in order to produce a higher-definition image that can later be enlarged more effectively. The shots are joined together on the computer and – contrary to many people's belief – are manipulated very little: if they are taken in the correct way and as a consistent series, they don't need to be altered. Some disbelieving viewers remain convinced that certain pictures are a montage but this is never the case. Rather than make them up on the computer it is always easier, more natural and ultimately more rewarding to sit and wait for the right light, for a storm, a rainbow, and for different shadows and colours.

bastante largas y sin embargo abarcan ángulos del paisaje parecidos a otras no tan largas. Esto se debe a que las que más abarcan son tomadas con lentes gran angulares, así la proporción entre largo y ancho varía. Algunas son tomas que miran a los cerros en lontananza, mientras otras incluyen además anchas franjas del páramo.

No hablo acerca de la marca de la cámara en esta pequeña referencia fotográfica, pese a que es una pregunta demasiado usual, no porque no reciba auspicio del fabricante y por eso quiera omitirlo, sino porque de veras creo que es más o menos irrelevante con qué equipo se trabaje, mientras cumpla ciertos niveles de calidad, cosa común en la mayoría de cámaras.

Para los conocedores de la geografía éstas son unas visiones afortunadas, pocas veces es posible, incluso para montañeros y pilotos, ver tan vastos paisajes despejados, donde se combinan selvas tórridas y nevados perpetuos. Estos panoramas son el resultado de continuas

You may notice that in some of the longest pictures in the book there are parts of the landscape that also appear in other, shorter images. This is because the pictures that encompass most landscape are taken with a wide angle lens. The proportion between the length and width of each photograph varies. Some shots focus on the mountains in the background, while others include wide swathes of the open, grassy uplands.

One thing I will not go into here is the make of camera that I use (a question I am often asked). This is not because I am not sponsored by a manufacturer but because I truly believe that it is irrelevant so long as one's equipment is of sufficiently good quality, which most professional cameras nowadays are.

Those familiar with this Andean terrain will know that the images shown here are not easy to come by. Even for mountaineers and pilots it is rare to see such vast, clear landscapes that extend all the way from the steam-

visitas a las alturas para encontrar eventualmente las condiciones adecuadas. El conocedor posiblemente experimentará una cierta confusión inicial al observarlas, sobretodo en los panoramas más extensos, pues estos para ser totalmente fieles a la realidad, deberían ser expuestos en círculos parciales o completos alrededor del observador. Siendo esto difícil hacerlo en un libro impreso, el observador no tendrá más que recurrir a cierta dosis de imaginación, para entender algunas de las imágenes en su total dimensión. Ayuda en esta tarea los puntos cardinales colocados en los márgenes de las imágenes.

ing jungle to the snowcapped peaks. These panoramas are the result of numerous, repeated visits to high altitudes in order that, eventually, I would be there at the right moment with perfect conditions. Someone who knows these landscapes well may be confused at first, especially on seeing the widest panoramas. To be totally true to real life they should be displayed in partial or complete circles around the viewer. As this is not possible with a book, viewers will have to use their imagination to appreciate some of the images in full. To help with this, key landmarks are highlighted in the margins alongside the pictures.

Un amanecer tormentoso deja un manto de nieve en los altos páramos al sur del Cotopaxi. Más nubes obscuras avanzan desde el este, las empujan los alisios, vientos que traen el clima desde la Amazonía. Es presagio de otra tormenta próxima.

Mientras más orientales los páramos, más húmedos. Los glaciares que miran al levante son más largos y los cielos en estas vertientes más nublados.

A stormy dawn has left a blanket of snow on the high plains to the south of Cotopaxi. More dark clouds are closing in from the east, pushed by the trade winds that drive the weather up from the Amazon basin. A premonition of more storms to come.

The further east you go the wetter the uplands become. The glaciers that face eastwards are also longer and the skies around the eastern slopes thicker with cloud.

Morurco · Valle Vicioso · Quilindaña

Ilinizas · Cotopaxi · Sincholagua · Verdecocha · Yuraccocha

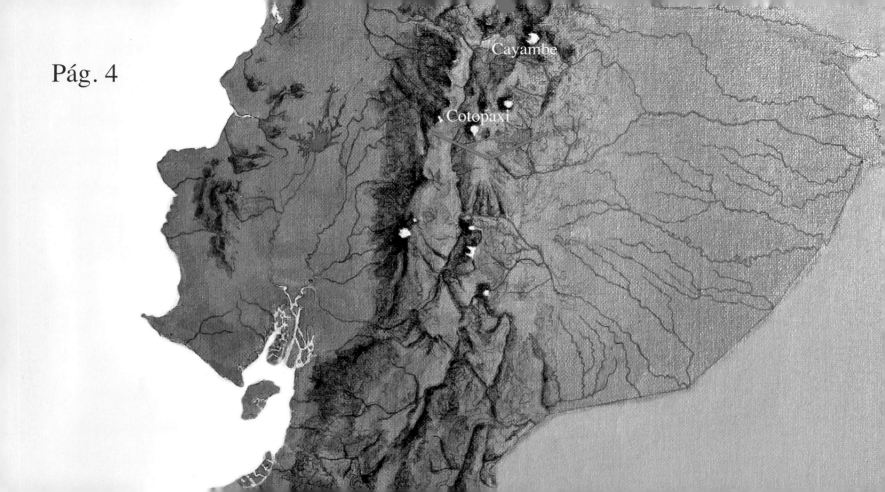

Cayambe

Cotopaxi

El Altar, a decir de muchos conocedores, es el cerro más pintón de todos los que el país tiene. Los indígenas le llamaban Capacurco que adecuadamente se traduce como cerro majestuoso. Los españoles le han bautizado a él y a sus picos con nombres religiosos, seguramente porque, según dicen, al verlo desde la villa de Riobamba en el plenilunio, la luna sobre el cerro evocaba los íconos religiosos.

Connoisseurs consider Altar to be the most handsome of Ecuador's summits. The local indigenous people call it Capacurco, 'majestic peak'. The Spanish probably christened Altar and its smaller, neighbouring mountains with religious names because their shapes, lit up by a full moon, echo the forms of the altar in a Catholic church.

Canónigo Los Frailes Tabernáculo La Monja Chica

Laguna Amarilla La Monja Grande El Obispo

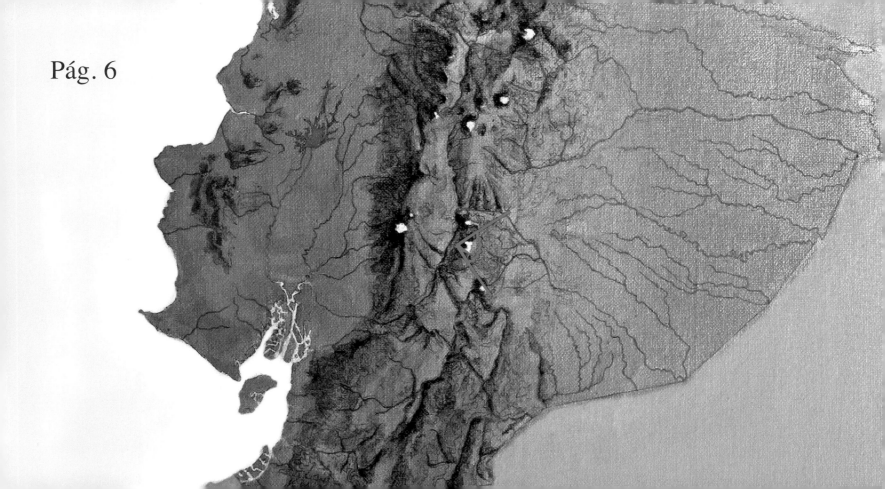

En los Andes ecuatorianos el cerro que más alto se eleva es el Chimborazo. Si se lo mide desde el centro de la tierra es el que más sobresale, más que el Everest. Pues en el mundo que es atachado en los polos y 'gordo' en el ecuador, el Taita Chimborazo que está cerca de la equinoccial está más lejos del centro del mundo. Y por la misma razón las nieves de su cumbre más cerca al sol.

Chimborazo is the highest peak in the Ecuadorian Andes. Measured from the centre of the earth, it stands even higher than Everest. The earth flattens out at the poles and bulges at the equator, so the top of Taita (Papa) Chimborazo, positioned near the equinox, is further from the earth's centre than any other summit in the world. By the same logic, its snowcapped peak lies the closest to the sun.

Carihuairazo Tungurahua Altar Sangay

Abraspungo

Chimborazo

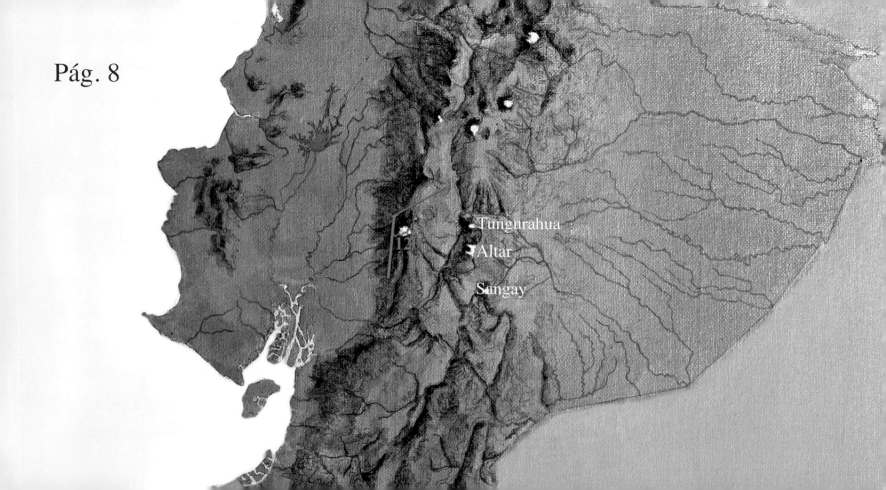

Pág. 8

Tungurahua

Altar

Sangay

Una pequeña cordillera, hermana menor de la de los ramales principales de los Andes, se levanta paralela hacia el este. El Reventador (3.485m), volcán de sugestivo y apropiado nombre, junto al Zumaco son los más altos exponentes.

Las selva se trepa sobre ellos, sólo las lavas en la caldera del Reventador y la alta cima del Zumaco (3.750m.) escapan al abrazo verde.

A small mountain range – the younger sibling of the main Andean branches – rises up parallel to the great Andes towards the east. The highest peaks in this chain are the aptly-named Reventador ('Troublemaker') and its neighbour Zumaco.

Forests clamber up the slopes of these volcanoes leaving only the crater of Reventador and the highest point of Zumaco (at 3,750 metres) beyond their verdant grasp.

Galeras   Zumaco   Antizana   Cayambe

Pan de Azúcar   Yanaurco   Quijos   Reventador   Cascada de San Rafael

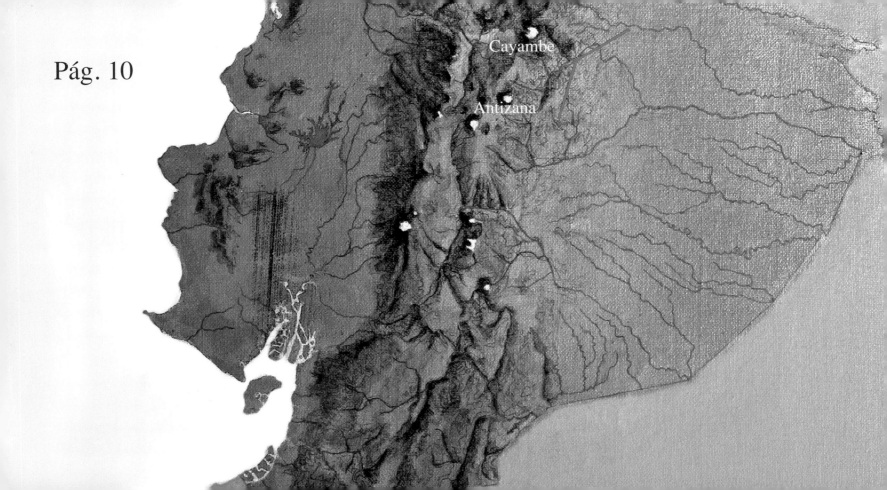

Pág. 10

Cayambe

Antizana

Los habitantes de pueblos y ciudades sumergidos bajo las nubes, amanecen a un día de 'mal tiempo', mientras los altos cerros como islas emergen al sol.

Ahí donde se ve, todos estos cerros son protagonistas de tremendo drama amoroso, siendo la Mama Tungurahua la infiel esposa del Taita Chimborazo, el Altar es el amante descubierto, vencido y destruido por el furioso y engañado esposo, el Carihuairazo, cómplice del fornicador, llevó lo suyo en la contienda. El humo de la Mama parece ser pura frustración. Mientras tanto el Sangay que es sólo un inocente vecino no se sabe a favor de quien humea.

The inhabitants of the towns and villages submerged beneath the clouds wake up to a day of bad weather. High up above them, though, the peaks emerge like islands into the sunshine.

All the mountains that are visible in this picture are characters in an epic romantic drama. Mama Tungurahua is the unfaithful wife of Papa Chimborazo. Altar is the lover who is discovered, beaten and destroyed by the furious, cuckolded husband. Carihuairzo, accomplice of the adulterer, makes off with his own goods during the fight. The Mama belches smoke out of pure frustration while Sangay, the only innocent neighbour in the whole affair, doesn't know who he should be smoking in favour of.

Sangay Altar Tungurahua   Sanancajas   Chimborazo

Baños Patate   Ambato Carihuairazo

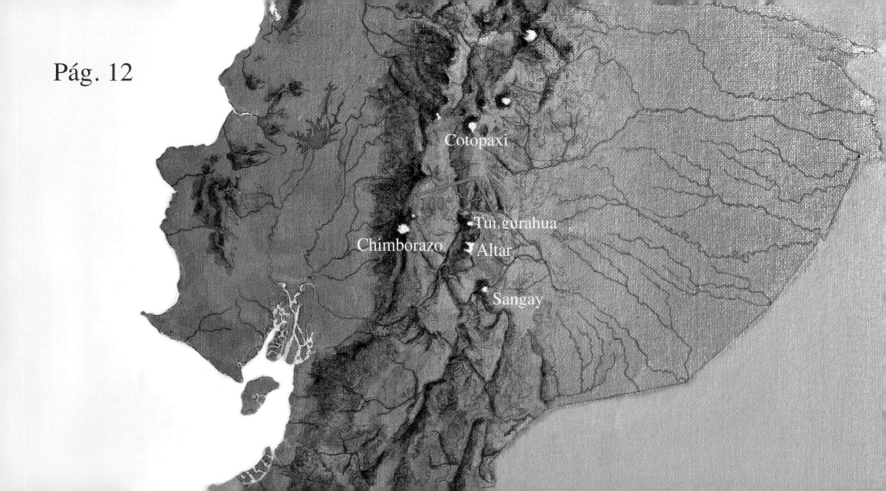

Por la cuenca del Oyacachi baja un sendero milenario, une la Amazonía con los valles andinos. Por él recorrieron los mercaderes prehispánicos, luego conquistadores de diferentes épocas y algunos aventureros en busca de fama y fortuna.

Quien quiera comprender mejor esos épicos tiempos no tiene más que emprender viaje por tan importante chaquiñán.

In the Oyacachi basin an ancient path joins the Andean valleys with the Amazon region. Prehispanic traders travelled along this path, as did conquerors of different epochs and adventurers in search of fame and fortune.

Anyone wanting to understand better those dramatic early times need only undertake a journey along this historic route.

Cayambe   Saraurco   Reventador

Río Oyacachi

Cayambe

Antizana

Antizana

143

Las áridas tierras de Loja *The arid lands of Loja*

Las desérticas lomas de Cajamarca entre Cuenca y Loja   *The barren hills of Cajamarca bewteen Cuenca and Loja*

El bosque xerofítico de palo santo en Isabela, Galápagos   *Dry forest, Isabela Island in the Galapagos*

Dos veces en esta imagen, una en cada extremo, aparece el Zumaco, volcán amazónico poco conocido. Son 380 grados de panorama, Están aquí retratadas casi todas las grandes elevaciones del país, se escapan de aparecer sólo unos pocos tímidos cerros; Altar y Tungurahua, escondidos tras las nubes.

Algunos cerros menores aparecen sin nombre, algo que queda no dicho para ejercicio del espectador.

Zumaco, a little-known Amazonian volcano, appears twice in this photograph. Encompassing 380º the image captures nearly every great peak in the country.

Only a few shy mountains have escaped, such as Altar and Tungurahua, which are hiding below the clouds.

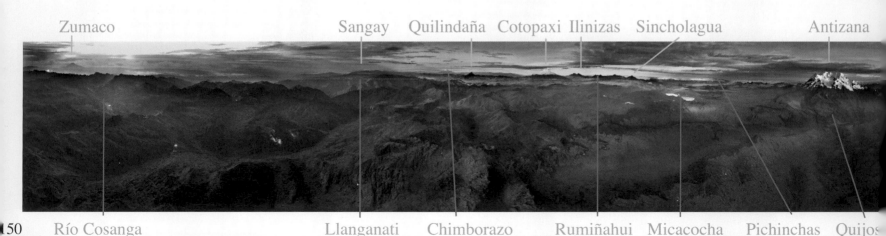

Zumaco   Sangay   Quilindaña   Cotopaxi   Ilinizas   Sincholagua   Antizana

Río Cosanga   Llanganati   Chimborazo   Rumiñahui   Micacocha   Pichinchas   Quijos

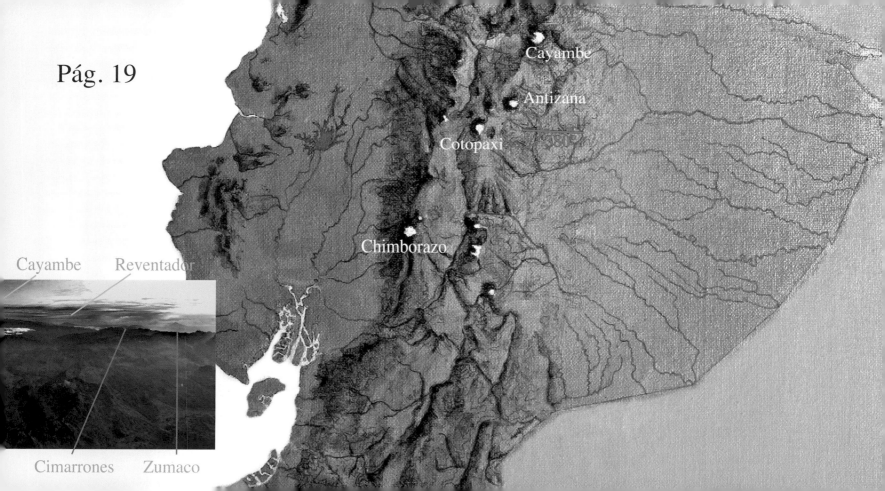

Pág. 19

Cayambe

Antizana

Cotopaxi

Chimborazo

Cayambe   Reventador

Cimarrones   Zumaco

El Cayambe tiene esa particularidad de levantarse muy próximo a la equinoccial. Sus pendientes son el único sitio en este mundo donde latitud y temperatura alcanzan 0°.

Ya derretidos, sus hielos escogen diferentes caminos; unos al Atlántico y otros al Pacífico según la pendiente donde se hallen. El río Hualaringo, que arrastra mucha arena y algo de oro, llevará sus aguas al Amazonas y luego al Atlántico.

The volcano Cayambe is distinguished by its proximity to the equinox. Its slopes are the only place in the surface of the world where both latitude and temperature reach 0°. The waters of its glaciers chose different journeys as they melt – some heading towards the Atlantic and others towards the Pacific. The Hualaringo river sheds its water into the Amazon from where it travels to the Atlantic, carrying with it a heavy load of sand and particles of gold.

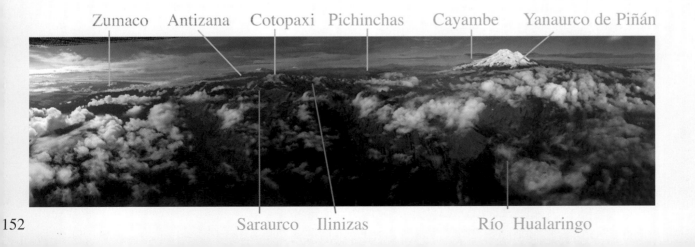

Zumaco Antizana Cotopaxi Pichinchas Cayambe Yanaurco de Piñán

Saraurco Ilinizas Río Hualaringo

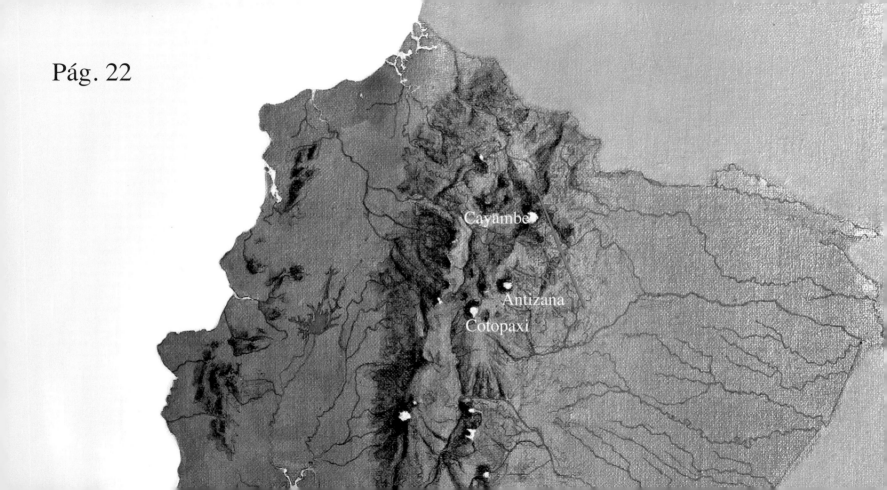

Cayambe

Antizana

Cotopaxi

Mucho de la toponimia es quichua, alguna inclusive de idiomas más antiguos. Entre éstos hay algunos nombres harto evocativos, como el de esta zona que se llama Puyurima, que quiere decir "donde las nubles hablan". Aquí los vientos dominantes al cruzar la cordillera se envuelven en un rotor. Torbellino que envuelve a las nubes en sí mismo, proceso que en el verano es veloz, basta ver danzar a las nubes para comprender tal nombre. Cosa difícil para la foto por lo que fue captada en cielos despejados.

Many place names in the Andes are in Quichua or older languages. Some of these names are powerfully evocative, like that of Puyurima, meaning 'where the clouds talk.' The strong winds crossing the mountain range in this region become caught up in a rotating current, forming a whirlwind that whisks the clouds into a spin. In summer the process is fast and dramatic, and the sight of the clouds dancing in the wind clearly reflects the region's name. This is harder to capture in the photograph, which was taken under clear skies.

Ilinizas   Quilindaña   Corazón

Sincholagua   Rumiñahui   Antizanilla   Pasochoa

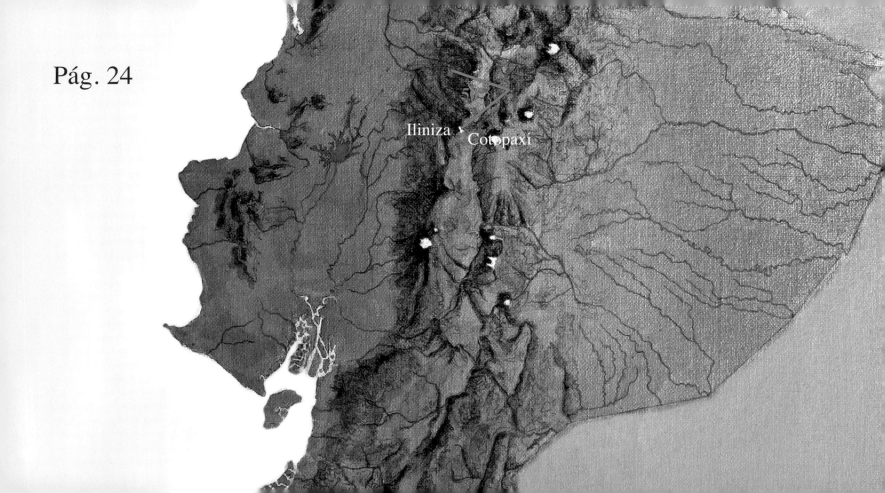

El Sangay es un empedernido volcán, humea constantemente pero pasa inadvertido, está rodeado de selva y páramo, lejos de los poblados. Además y pese a su carácter efusivo tiene glaciar y aparte un Parque Nacional que lleva su nombre que rodea además de a él, al Altar y al Tungurahua.

Sangay is a stubborn volcano that smokes constantly but goes unnoticed, surrounded by jungle and páramo, and far from any town or village. Unlike other volcanoes with hot, smoky characters it has a glacier. It also has a National Park named after it that incorporates not only Sangay but the volcanoes of Altar and Tungurahua as well.

Achipungo   Sangay   Quilimas   Altar

Soroche   Cubillín

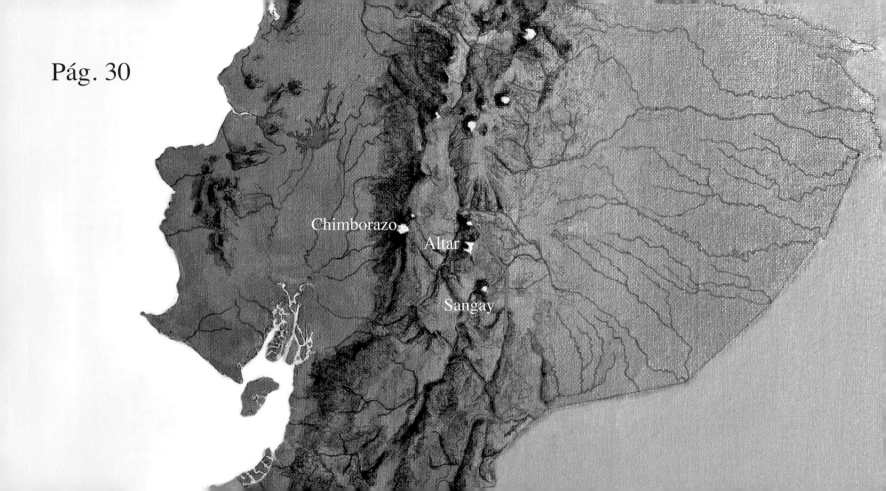

Chimborazo

Altar

Sangay

El Imbabura es un Apu, Señor entre cerros, Taita (padre) le dicen los curanderos (shamanes) con respeto, lo invocan en sus curaciones desde sitios tan lejanos, como en el interior de la selva amazónica. Desde allá no lo ven, pero sin embargo lo perciben.

Imbabura también se llama esta provincia salpicada de lagunas. Aquí faltó al menos una importante, Cuicocha, está escondida bajo las nubes al pie del Cotacachi.

Imbabura is an 'Apu', a deity among mountains. Shamans and medicine men respectfully call him 'Taita' (father) and call on him in their prayers from as far away as the Amazon jungle where they can sense his power if not actually see his might slopes.

Imbabura is also the name of this lake-dotted province. At least one important lake, Cuicocha, is missing here, though, as it is hidden beneath the clouds swirling at Cotocachi's feet.

Cotacachi Otavalo Imbabura Cayambe

San Pablo Caricocha Yanaurco de Mojanda Fuyafuya

158

Cotacachi

Cayambe

Antizana

Por entre estos volcanes pasaron cantidad de hombres de ciencia, destaca Alexander Von Humboldt, ilustrado alemán, que en el siglo XVIII arrastrado por su curiosidad recorrió parte de la América del Sur, su visión del cosmos cambió tras este recorrido y con ello revolucionó el mundo científico de la época y puso las bases para la actual comprensión del universo. Bautizó a nuestros Andes como 'la Avenida de los Volcanes'.

Many men of science have passed through these volcanoes. The most notable was the illustrious German Alexander von Humboldt, who travelled around much of South America in the 18th century, driven by insatiable curiosity. Following these travels his vision of the cosmos changed dramatically, revolutionising scientific thought of the time and establishing the basis for our scientific understanding of the universe.

Valle de Chalupas   Quilindaña   Valle Vicioso   Cotopaxi

Turbante   Tungurahua   Chimborazo   Morurco   Rumiñahui

Altar   Valle Vicioso

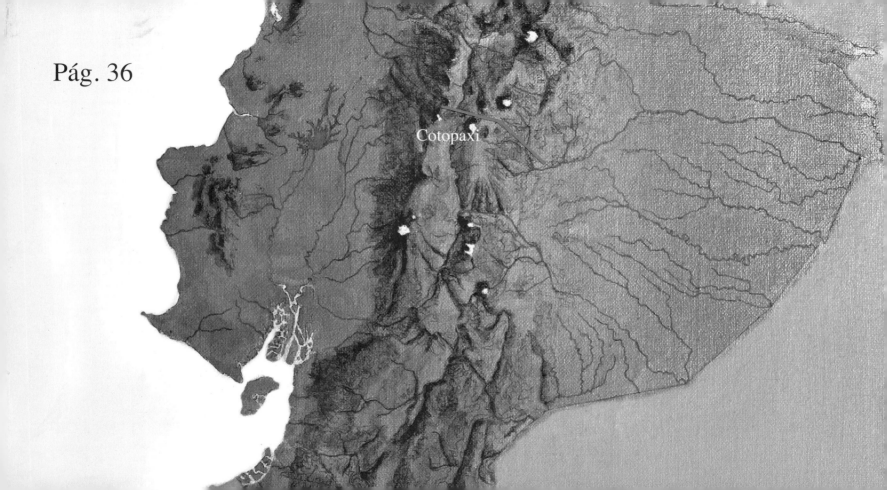

Pág. 36

Cotopaxi

El cráter del Quilotoa otrora humeante está hoy lleno de agua. A la izquierda asoman los picos andinos. A la derecha, bajo la sábana de nubes, están las húmedas llanuras de la costa.

Alguna vez un indígena vecino al cráter me contó, talvez en serio, talvez en chiste que: " Parece laguna pero es ojo, ojo que tiene la tierra, ojo verde porque es gringo, no ves toda la paja zuca (rubia) alrededor?".

Once active and smoking, the crater of Quilotoa is now filled with water. To the left of it the Andean peaks rise up; to the right, beneath a bed of cloud, lies the humid coastal plains.

An indigenous man who lived nearby once told me – in seriousness, or maybe as a joke – that although the crater looks like a lake it is in fact an eye. It is the earth's eye, he said, and it's green because it's gringo – 'Don't you see all the blond straw around it?'

Ilinizas Cotopaxi Quilindaña Chimborazo

Pichinchas Corazón Quilotoa Zumbahua Costa Chugchilán

Atacazo

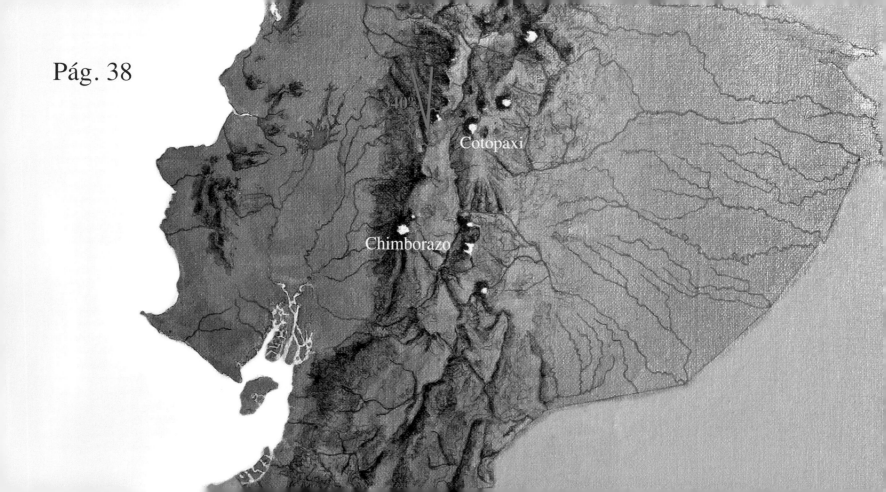

Pág. 38

3402

Cotopaxi

Chimborazo

Estos volcanes ecuatorianos son temperamentales, tienen una lava densa que fluye con dificultad, proclive a crear enormes presiones, cuando jóvenes son conos perfectos, a veces levantados sobre las ruinas de antiguas calderas. Casi siempre acaban sus días de actividad en tremendas explosiones, que se llevan por delante todo un lado del volcán, dejando calderas rotas en forma de herradura como la del Altar.

Si siguiéramos a las líneas del Altar hasta unirlas, comprenderíamos que antaño fue mucho más alto que el actual rey Chimborazo.

Ecuadorian volcanoes are temperamental. Their larva is thick and does not run smoothly, creating pressure as the flow builds up. When they are young the volcanoes are perfectly cone-shaped, some of them rising out of the ruins of old craters. But nearly always they end their active days with an almighty explosion, destroying one whole side and leaving a jagged horseshoe crater, just like Altar.

If you continue the vertical lines of Altar's crater upwards, until they join at a peak, you can see that it used to be much higher that the current king of the ecuadorean volcanoes, Chimborazo.

Chimborazo   Tungurahua   Altar   Condorazo   Sangay

Candelaria   Tuilche   Collanes   L. Amarilla   L. Mandur   L. Negra   L. Pintada

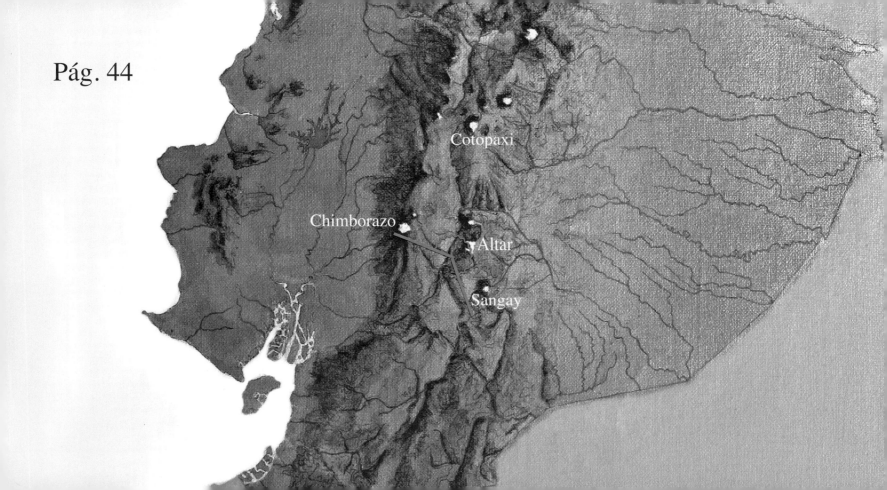

Pág. 44

Cotopaxi

Chimborazo

Altar

Sangay

La tormenta y el sol tienen al arco iris como lindero. En una ventana entre la obscuridad asoma el Antizana y sobre él, la luna llena.

Al Pasochoa la mitología lo tiene como una deidad de las aguas, un benefactor con las lluvias. En realidad su cumbre obscurecida es el primer indicio que los habitantes de los valles tienen de los aguaceros, y así parece sugerirlo la fotografía.

The rainbow acts as a threshold between the storm and the sunshine. Through a window in the darkness, Antizana appears with the full moon shining above it.

According to local mythology, Pasochoa is a god of water, a heavenly benefactor who brings the rains. The sight of its summit clouded over – as in this photograph - is the first sign that heavy downpours are on their way for the inhabitants of the valleys below.

Antizana   Pasochoa   Rumiñahui   Tiopullo

Bosque protector   Machachi   Alóa

166

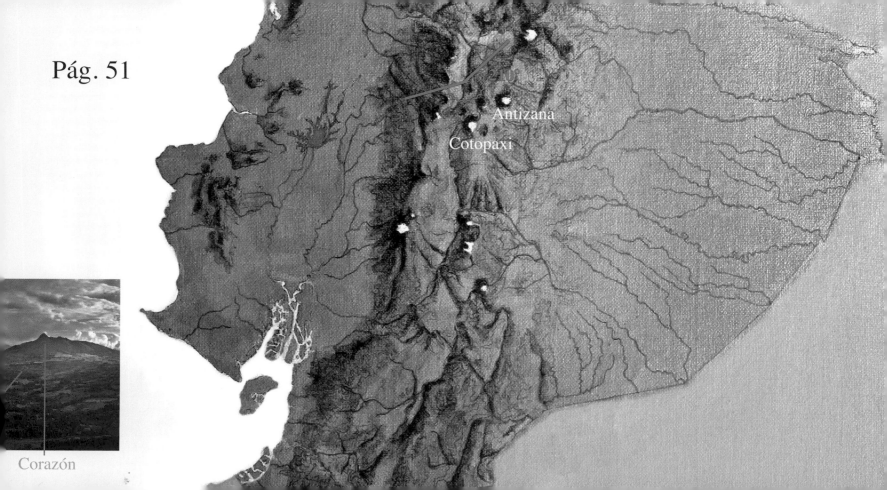

Pág. 51

Antizana

Cotopaxi

Corazón

Los cerros Taita Imbabura y María de las Nieves Cotacachi tienen un fogoso romance, según cuentan los nativos viejos que son los que saben, las noches de truenos delatan los apasionados encuentros. Fruto de la relación nació hace ya tiempo el guagua Yanahurco.

Entre los pies del Taita y el regazo de la Mama viven los muy conocidos indígenas otavaleños, comerciantes andariegos que se han llevado su cultura a tanto rincón que en el mundo hay.

The mountains Taita Imbabura and Cotocachi Maria of the Snows are having a heated romance, the wise old Indian men tell us. Their passionate encounters are heard on stormy nights as thunder claps roll through the valleys. Baby Yanahurco was born long ago as a fruit of this fiery union.

Between the feet of Taita and the lap of Mama live the famous Otavalo Indians. Their success as travelling salesmen is renowned, today their businesses and culture can be found in every corner of the earth.

Yanaurco de Mojanda — Fuyafuya — Cotacachi — Yanaurco de Piñán — Gonzales Suárez — San Pablo — Huarmi Imbabura — Taita Imbabura

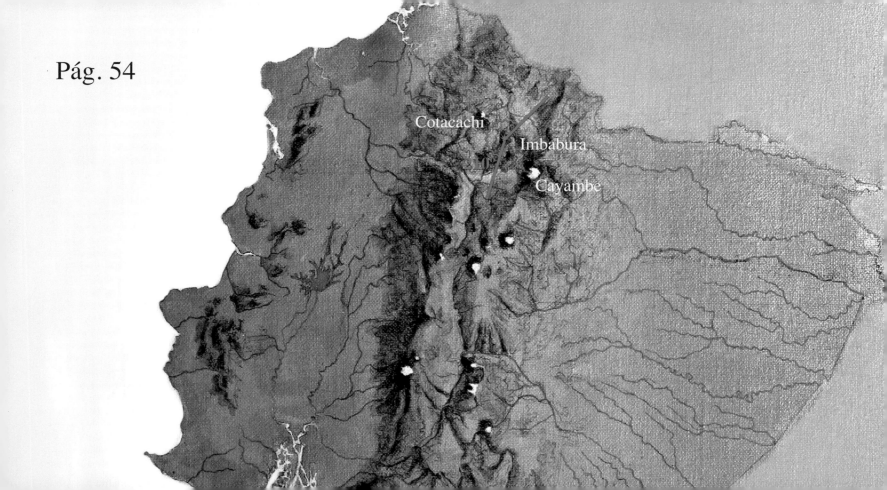

Cotacachi

Imbabura

Cayambe

El Nushiño baja lento y perezoso en su largo camino al Amazonas. Con apenas doscientos metros sobre el nivel del mar, tendrá que recorrer más de tres mil kilómetros para que su carga llegue a él.

Pero ni la paciencia bastará para lograr el destino, la mayoría de sus aguas, evaporadas en el calor tropical, regresarán empujadas por el viento para llover en su mismo nacimiento o en el de sus ríos hermanos.

Es la particular perspectiva de una imagen panorámica vista desde un mismo punto, que hace que el río se aleje de la cámara, mientras en la realidad, como se ve en el mapa, el río gira en el otro sentido, rodeando a la cámara.

The Nushiño river heads slowly and lazily down towards the Amazon. Starting almost two hundred metres above sea level it travels nearly three thousand kilometres before it reaches the larger river.

Despite its infinite patience with this journey, not all Nushiño's water arrives at its destination. Most of it evaporates in the tropical heat along the way and then returns, pushed by the winds, to fall again as rain on its birthplace or on those of its sibling rivers.

The river looks as though it is bending away from the camera here but this is an illusion of the panoramic image taken from one spot. In reality, as you can see on the map, the river curves in the other direction, circling back towards the camera.

Zumaco

Napo

Nushiño

Tzapiño

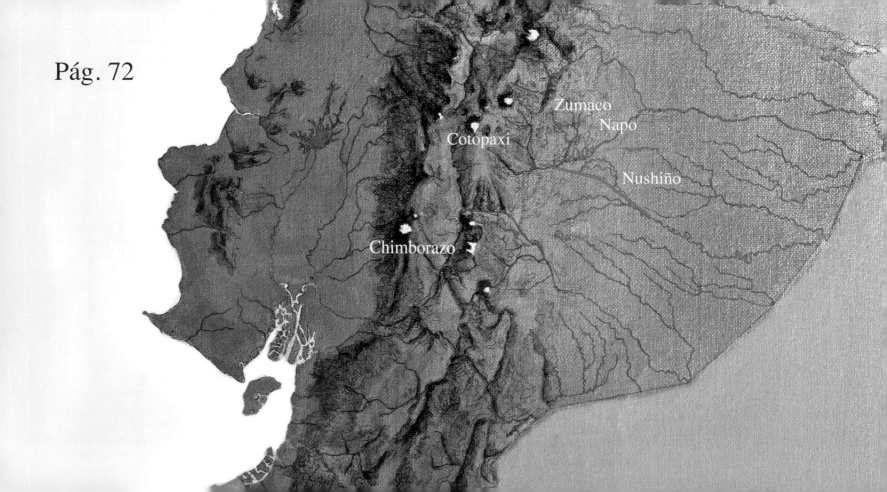

Zumaco

Napo

Nushiño

Cotopaxi

Chimborazo

Los vastos páramos de la cordillera oriental   *The wide an open highland of the Eastern range*

Seracs en el Cayambe, busque al montañero   *Ice fall in Cayambe, search for the climber*

Sardinacocha y el río Volcán al pie oriental del Sangay   *Landscape at the foot of Sangay Volcano*

En la costa hay un sector de pequeñas bahías y puntas, aguas calmadas desde donde partieron navegantes prehistóricos, comerciantes internacionales, viajeros meritorios.

Aquí también, y sólo aquí, crece el *spondylus*, concha sagrada en aquella lejana época, presente en las tumbas precolombinas importantes, señores y caciques se adornaron con ellas para el viaje al más allá, en sitios tan lejanos como Chile, Guatemala o la amazonía.

There is a stretch of Ecuador's coastline full of small bays and headlands. Many a hardy sailor, prehistoric international trader and adventurous traveller have set sail from these safe waters.

Here too, and only here, the sacred Spondylus shell grows. In precolombian times it was placed in the tombs of leading figures, and important men and chiefs used it to adorn themselves before setting off to the life before death. These shells can be found in distant lands such as Chile, Guatemala and the Amazon basin.

Machalilla   Los Frailes   P. Mirador   Salango

P. Lloradora   I. Horno de Pan   P. Bálsamo   Puerto López

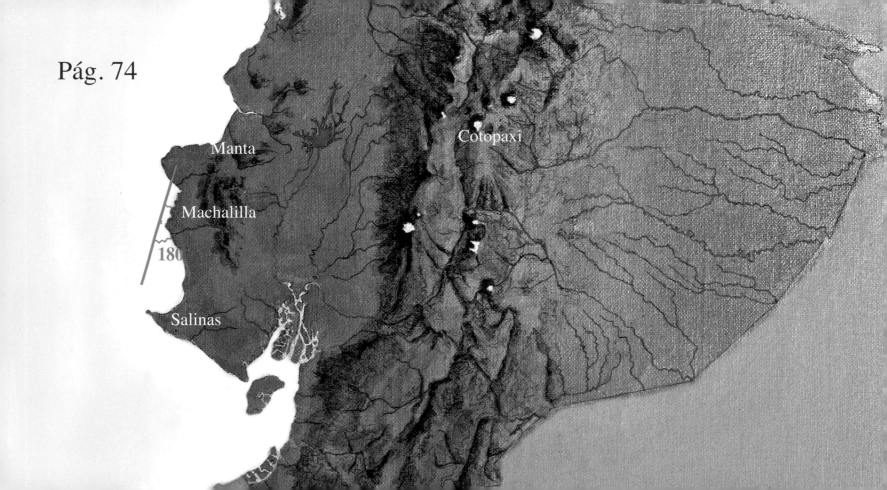

Pág. 74

Manta

Machalilla

180°

Salinas

Cotopaxi

Quito, ciudad capital, tendida al sol como zurcida sábana, cubriendo lomas y quebradas, rodeada de volcanes y amenazada por terremotos, sobrevive en relativa tranquilidad.

Ciudad ya, desde el tiempo de los incas, tiene como insignia desde los tiempos de la colonia española una virgen que la representa y protege. Se la esculpe y dibuja vestida con un manto de estrellas y pisoteando el mal en forma de serpiente. Aunque mejor lograda en la talla original, hecha en madera durante la colonia, que en el monumento moderno sobre la loma del Panecillo, es de todos modos, a decir de varios, la protectora responsable de la calma de esta ciudad situada en un ambiente tan telúrico.

Quito, the capital city, is spread out beneath the sun like a sheet that has been mended many times. Extending over hills and down into gullies, the city has volcanoes towering above it and earthquakes threatening from below. Yet still it lives on in relative peace and quiet.

Quito has existed since the time of the Incas, but since Spanish colonisation it has had the Virgin Mary dedicated to protecting it. She stands as a vast monument on top of the Panecillo hill, looking out over Quito – a less fetching sight than the original wood carving from the colonial period. Nevertheless, she still brings calm over the earthly city.

Cotopaxi   Rumiñahui   Corazón   Atacazo

Pasochoa

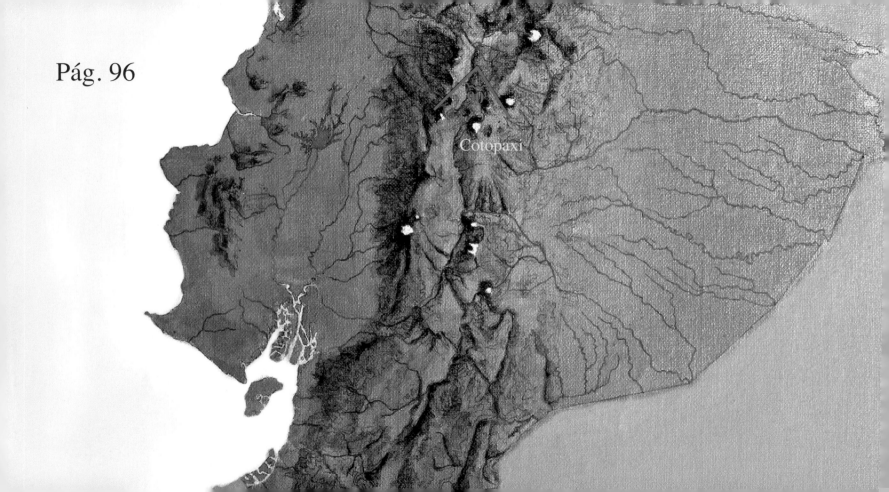

Pág. 96

Cotopaxi

Entre las cumbre nevadas y la planicie amazónica, hay una zona montañosa cubierta de selvas, coronada por afilados picos y rara vez despejada, inhóspita región, cuna de tormentas y leyendas.

Misteriosa comarca, motivo de ilusiones y bancarrotas. Se llama Llanganati, y se dice que es donde los antiguos escondieron el oro de Atahualpa.

Between the snowcapped peaks and the Amazonian lowlands lies a mountainous zone covered in tropical forest. Crowned by sharp peaks and rarely without cloud cover, it is an inhospitable region that harbours fierce storms and dark legends.

The Llanganati is a mysterious place, it has inspired many dreams and been the cause of many bankruptcies. People say that it is where the gold of the last Inca, Atahualpa, is hidden.

Tena   Amazonía   Llanganati   Antizana   Cimarrone

Jatunyacu   Mulatos   Verdeyacu

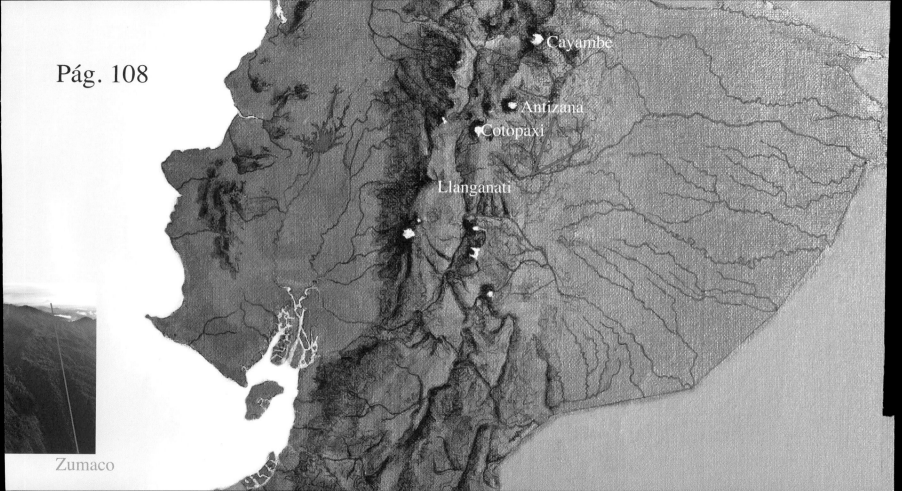

Pág. 108

Cayambe

Antizana

Cotopaxi

Llanganati

Zumaco

Por estos rumbos se han internado generaciones de buscadores de tesoros. Los Llanganati son sierra agreste, cubierta de perpetuas lluvias, páramos gélidos y selvas espesas que protegen el legendario oro de Atahualpa, el último Inca.

Ahora es además un Parque Nacional, que abarca una riqueza natural, sin duda mayor a la del tesoro. Aseveración, esta última, con la que no todo explorador estará de acuerdo.

Generations of explorers have set off in the direction of the Llanganati mountains in search of treasure. A wild land drenched in constant rain, its icy uplands and dense forests protect the legendary gold of Atahualpa.

Today, its status as a National Park also protects its natural wealth – surely worth more than treasure, though not every explorer would agree.

Tercera cordillera

Tambo de los Leones

Río Mulatos   Las Torres   Cerro Hermoso   Yanacocha   Saravia   Río Negro

Río desaguadero de Yanacocha Parcayacu   Chimborazo   Río Tigre   Gallourco   Mulatos

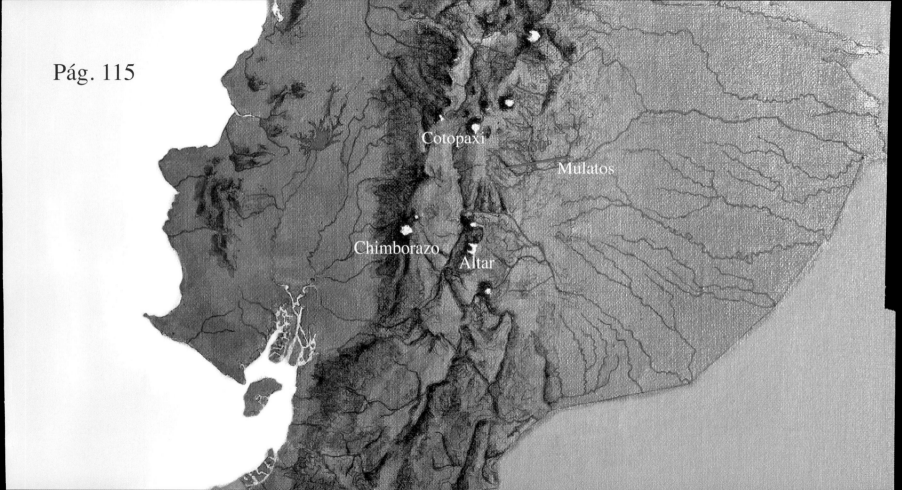

Pág. 115

Cotopaxi

Mulatos

Chimborazo

Altar

Entre el Cayambe y el Antizana, los altos lomos de la cordillera oriental están salpicados de lagunas. Herencia de la última glaciación, cuyos hielos cavaron oquedades y valles planos, hoy llenos de agua.

La abundante humedad, que trepa empujada por los vientos prevalentes desde la amazonía, mantiene pantanos saturados y lagunas desbordando.

Ya las autoridades de la vecina Quito se han dado cuenta de la particularidad.

Between Cayambe and Antizana the high ridges of the eastern mountain range are dotted with lakes. These are left over from the last glaciation when the ice carved out hollows and valleys that later filled with water.

The heavy humidity that rises up from the Amazon basin, pushed by prevailing winds, keeps the marshes sodden and the lakes overflowing – a fact that has been well noted by the authorities of Quito, close by.

Mojanda Imbabura Cayambe Saraurco Antizana

Cotacachi Puntas Parcacocha Papallacta
Mangacocha

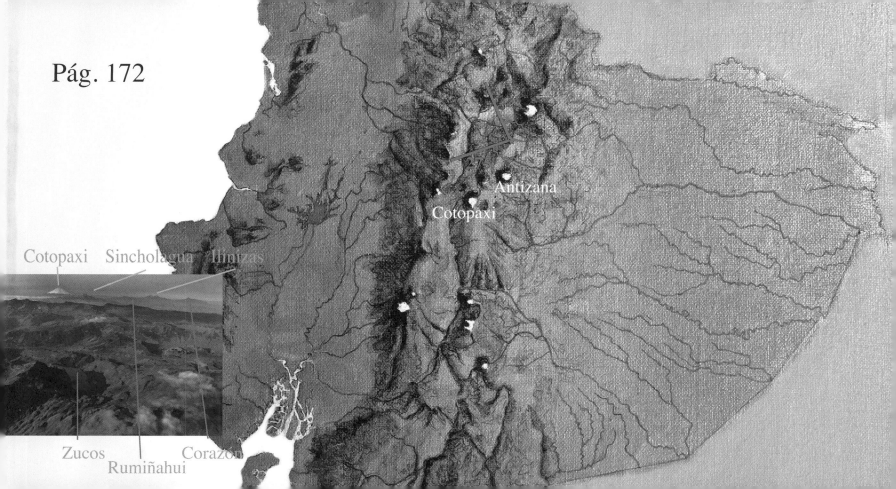

Antizana

Cotopaxi

Cotopaxi   Sincholagua   Ilinizas

Zucos

Rumiñahui

Corazón